Almut Weitze

Kläffkonzert und Lyrikgewinsel

Bibliografische Information der Deutschen Nationalbibliothek:
Die Deutsche Nationalbibliothek verzeichnet diese Publikation in
der Deutschen Nationalbibliografie; detaillierte bibliografische
Daten sind im Internet über http://dnb.dnb.de abrufbar.

© 2015 Almut Weitze
Illustrationen: Almut Weitze
Herstellung und Verlag:
BoD - Books on Demand, Norderstedt

ISBN: 978-3-7386-1850-1

Inhalt

	Seite
Die kleine Madame mit der Brille	7
Der kleine Wicht	21
Die Köterecke	35
Hundstage	49
Gedankensplitter	63

Die kleine Madame mit der Brille

Die kleine Madame mit der Brille

Packte der große Wille

Sie wollte verändern die ganze Welt

Nur leider fehlte ihr das Geld

Es reichte nur zur rosa Brille

Die kleine Madame mit der Brille

Hielt sich als Tier 'ne Bazille

Man konnt' 's gar nicht sehen, denn es war ja so klein

So dass sie beschloss, nein, das darf so nicht sein

Nun füttert sie 's mit viel Vanille

Die kleine Madame mit der Brille

Lauschte ganz laut in die Stille

Und verwunderte sich sehr

Kam doch eine Antwort her

Da verrutschte ihr glatt die Brille

Die kleine Madame mit der Brille

Sagte, geh' aus dem Licht, wenn ich chille

Ich bin zwar nicht groß

Doch mein Schlag ist famos

Also husch, sonst trifft er auf die Pupille

Die kleine Madame mit der Brille

Fiel plötzlich in eine Rille

Sie klemmte fest und es wurde ihr bang

So saß sie dort den Sommer lang

Und putzte ihre Brille

Die kleine Madame mit der Brille

Hatte zu viele Promille

Und als auch der Letzte endlich schlief

Sang sie auf der Straß' furchtbar laut und schief

Und störte die nächtliche Stille

Die kleine Madame mit der Brille

Hatte Angst vor einer Grille

Die hüpfte über sie hinweg

Auf den Tisch, neben 's Besteck

Und fraß die Petersilie

Die kleine Madame mit der Brille

Trank sehr gern Tee mit Kamille

Dann besuchte sie eine Destille

Und nun hat der Tee statt Kamille

'ne leicht erhöhte Promille

Die kleine Madame mit der Brille

Schluckte 'ne bittere Pille

Im Halse blieb sie plötzlich stecken

So dass sie dacht', sie müsse verrecken

Da spuckte sie die giftige Pille auf des Chefs Brille

Die kleine Madame mit der Brille

Besuchte eine Destille

Sie wurde ganz nass

Denn sie fiel in ein Fass

Doch da der Whisky ihr schmeckte, war 's rille

Die kleine Madame mit der Brille

Sah sich ein Buch an von Zille

Was ihren Witz entfachte

So dass sie laut und schrill lachte

Da zersprang das Glas ihrer Brille

Die kleine Madame mit der Brille

Träumte vom Gewinn einer Mille

Sie sah schon Auto, Garten und Haus

Da meinte ihr Wecker, da wird nichts draus

Und alles verschwand in der täglichen Stille

Der kleine Wicht

Es war einmal ein kleiner Wicht

Den störte seine Größe nicht

Doch was ihn empörte

Und mächtig störte

War die Größe der anderen aus seiner Sicht

Es war einmal ein kleiner Wicht

Der hatte Angst vor grellem Licht

Doch als er dann ins Dunkel kroch

Fiel er ins Nichts durchs Kaninchenloch

Und war nicht mehr derselbe Wicht

Es war einmal ein kleiner Wicht

Mit sehr stark eingeschränkter Sicht

Denn vor ihm saß ein großer Hut

Der tat dem Filmgenuss nicht gut

Spielt' er doch alle Rollen der Geschicht

Es war einmal ein kleiner Wicht

Dessen Geschmack war mehr als schlicht

Was gut und schön

Konnt' er nicht sehen

Auch wenn er 's gekonnt, dann hätte er 's nicht

Es war einmal ein kleiner Wicht

Der tat nicht mehr als seine Pflicht

Und als ein Feuer brach aus im Haus

Schleppt er gewissenhaft Akten hinaus

Die Menschen übersah er schlicht

Am Rande steht ein kleiner Wicht

Den der Neid ganz furchtbar sticht

Hat doch der Nachbar viel mehr Licht

Und seine Früchte mehr Gewicht

Drum macht er 's Sauersein zur Pflicht

Es war einmal ein kleiner Wicht

Mit furchtbar schlechtem Augenlicht

Der traf eine hübsche Frau

Mit sehr drahtigem Körperbau

Nun ist er verlobt mit 'nem Schirm, der Wicht

Es war einmal ein kleiner Wicht

Der starrte lang ins Sonnenlicht

Doch als er da stand

Und so gar nichts fand

Liebte er wieder sein Kerzenlicht

Es war einmal ein kleiner Wicht

Der strotzte voller Zuversicht

Er prahlte oft ganz ungehemmt

Zweifel waren ihm gar fremd

Dem zweifellos geistigen Leichtgewicht

Es war einmal ein kleiner Wicht

Der störte gern den Unterricht

Drum wurde bagatellisiert, appelliert und diskutiert

Groß doziert, gestikuliert, eruiert und fraternisiert

Und doch half es nicht, zu ändern seine Sicht

Es war einmal ein kleiner Wicht

Der hatte Falten im Gesicht

Die waren so tief

Dass ein Schaf darin schlief

Doch hielt man 's für den Bart vom Wicht

Es war einmal ein kleiner Wicht

Der hatte gar kein Gleichgewicht

Mal schwankt er nach rechts und mal nach links

Und dann kommt hinzu, dass neuerdings

Er denkt, dass die anderen schwanken, er nicht

Die Köterecke

Es war einmal ein dicker Hund

Der litt ganz furchtbar unter Schwund

Noch eben war sein Napf ganz voll

Nun war er leer, und fürs Protokoll:

Das ist ja wohl ein dicker Hund!

Es war einmal ein kleiner Hund

Der hatte keinen Zahn im Mund

Doch sollt' man sich nicht täuschen lassen

Auch wenn er nun zu alt zum Fassen

Das Beinchenheben klappt beim Hund

Es war einmal ein kleiner Hund

Der war erst dünn, dann kugelrund

Er fraß ohne Maß Kuchen, Wurst, Ei und Aas

Denn er hatte daran einen riesigen Spaß

Es verschwand einfach alles in seinem Schlund

Es war einmal ein kleiner Hund

Dem lag ein Knochen quer im Schlund

Da schwor er sich, dass zum Verzehr

Knochen taugen nimmermehr

Und würgt am nächsten Knoch' der Hund

Es war einmal ein kleiner Hund

Der wurde einst zum Scheidungsgrund

Da gab 's viel Gemurre

Und noch mehr Geknurre

Der einzig Stille war der Hund

Es war einmal ein kleiner Hund

Der wollte nach Mariannelund

Denn in Lönneberga

Bekam er sehr oft Ärger

Und so beschloss der Hund, ich werd' zum Vagabund

Es war einmal ein kleiner Hund

Der klaute Würste, gleich drei Pfund

Doch als er ankam im Versteck

Da waren über zwei Pfund weg

Verschwunden im Schlund von Nachbars Hund

Es war einmal ein kleiner Hund

Der liebte sehr den Vordergrund

Zwar war den meisten Leuten bang

Doch streichelt man ihn stundenlang

Denn seine Beißkunst war profund

Es war einmal ein kleiner Hund

Der sang nicht viel, doch wenn, dann Schund

Es war meist schief und gar nicht toll

Und klang immer recht jammervoll

Das Publikum fehlte, das war wohl der Grund

Es war einmal ein kleiner Hund

Der schluckte einen Schlüsselbund

Nun konnte man abschließen nicht Tor noch Tür

So blieb alles offen, doch dafür

Führt' es zum Darmverschluss beim Hund

Es war einmal ein kleiner Hund

Der hatte Schaum vor seinem Mund

Und alles rief, oh welch ein Schreck

Der hat die Tollwut, komm da weg

Und das ohne Grund, denn 's war Sahne am Mund

Es war einmal ein bunter Hund

Dem sagten die Leute, er sei nicht gesund

Er hätte Punkte im Gesicht

Das wären Masern oder Gicht

Da dacht' sich der Hund, was für 'n blöder Befund

Hundstage

In einer Stadt lebten Räte

Die staunten über 'ne Gräte

Noch gestern gab 's Fisch

Auf ihrem Tisch

Nun steckt nur die Gräte im Hals der Räte

Eine Katz saß in der Ecke

Und machte Großputz mit Geschlecke

So sah sie ein alter Herr

Und freute sich darüber sehr

Und nun dient sie als Rheumadecke

Es war einmal eine Dame

Die hing an einer Fahne

Und als sie so wehte

Und sich im Wind drehte

Da hatte die Dame selbst eine Fahne

Es war eine kleine Ratte

Die erschreckte 'ne alte Fregatte

Denn die Nimmersatte

Fraß in der Küche ein Blatte

Nun ruht die Ratte unter der Käseplatte

Es war einmal eine Maus

Die pflückte sich einen Strauß

Doch die Blümchen gefielen auch einem Rind

Das roch an den Blüten und fraß sie geschwind

Den ganzen Strauß, mitsamt der Maus

Es war einmal ein Biber

Der war ein stolzes Kaliber

Und verteidigte seinen Bau

Gegen 'ne wild gewordene Sau

Und nun braucht der Biber 'nen Schieber

Auf der Minestrone

Schwamm eine Melone

Wie sie dahin kam, nun ja, wer weiß

Denn eigentlich sollte sie doch aufs Eis

Der Koch bekommt Stunk, zweifelsohne

Es war eine kleine Henne

Die liebte Erbsen und Penne

Doch ihr fehlte 's Geschick

Und als die Nudeln zu dick

Schwamm in der Nudelsuppe, die Henne

Auf einer grauen Mülltonne

Träumte still mit großer Wonne

Ein Schmetterling

Für ihn war 's bunt, das düst're Grau

Der brüchige Fassadenbau

Auf den er blickte tagelang

Und den er insgeheim besang

Als wär 's ein süßes Blumenbeet

Und als er sich am siebten Tage

Erhob aus seiner grauen Lage

Da wurde er hinfortgeweht

Ich erwachte unter einem stillen Himmel

Die Zeiten ändern sich nicht

Kein Aufmarsch, kein Geschrei

Nur ein Lächeln und Geflüster

Sie lächeln dich aus dem Raum

Aus dem Job

Aus dem Leben

Der Schwanz wedelt mit dem Hund

Erträgst du das Flüstern

Schnee fällt

Kein Aufstand in Sicht

Nicht die Wände stürzten ein

Staub breitet sich über alles

Pst, nicht reden, lauf

Weiter und weiter und weiter und

Ich wollte gehen

Doch ich wusste nicht, wohin

Und als ich ging

Blieb ich zuhause

Außer mir

Nie wirklich hier

So ging ich

Ohne anzukommen

So ging ich

Ich ging so

Ich ging

Ich

So ging ich

So ging

So

Das Loch im Bug

Die Ratten verlassen das Schiff

Der Kapitän heult auf

Das Loch war so nicht vorgesehen

Die Mannschaft sucht das Rettungsboot

In der Finsternis sieht man kein Land

Niemand darf gehen

Das ist ein Befehl

Die Matrosen starren ängstlich auf ihren Kapitän

Hinter dem Rücken das zerbrochene Ruder

Hoffentlich kann niemand schwimmen

Gedankensplitter

Nacht

Aufgerissene Straßen

Wo ich Fahrradfahren lernte

Sie entfernen den Boden

Der einst meine Freude, Furcht und Träume trug

Unterm Stein nur der jagende Herzschlag der Nacht

Auch das geht vorüber, vorbei vorbei

Und wird doch lauter mit jedem Tag

Wo ist die Stimme

Hinter all dem Grau der Wohnblöcke

Das Echo, das den, der lauscht, ins dunkle Herz des
Nichts zieht

Flüsternd

Was, wenn alles nur Erinnerung

Wenn alle Freude schon verblasst

Wenn die Leere alles ausfüllt

Und alles, was du bist, ist in dieser Nacht

Gut und Böse sind untrennbar

Wo niemand fragt, wo keine Scham

Wo Lügen im Vertrauen erzählt

Und Leben in enger Distanz

Aufhört, andere zu beschuldigen

Leidenschaft gleicht keinem gelangweilten Gähnen

Wo das Leben schneller und Töne lange nachhallen

Wo versteckte Versprechen auf dunklen Straßen liegen

Und die Finsternis jede Form schluckt

Und Gesicht hinter Gesicht hinter Gesicht verschwindet

Triff mich am Flussufer

Wo die Zigeunerin die Zukunft voraussagt

Und ein Saxophon Jungleland spielt

Wo Küsse noch brennen und in der Sommernacht sterben

Und wir noch immer im Mondlicht träumen

Was, wenn alles, was wir sind, in dieser Nacht beginnt

Feuer

Du sagst, du liebst mich.

Du sagst, du brauchst mich.

Schon seltsam,

Wie gut du mich behandelst.

Meine Lippen sind kaltes Verlangen,

Meine Gedanken wie brennendes Feuer.

Niemals drängst du mich

Oder fragst, wie ich mich fühle

Und ob meine Liebe für dich echt ist.

Meine Worte sind kaltes Verlangen,

Meine Gedanken wie brennendes Feuer.

Nachts,

Wenn du ganz nah bei mir liegst,

Frage ich mich,

Ob du mich hören kannst.

Mein Herzschlag ist kaltes Verlangen,

Meine Gedanken wie brennendes Feuer.

Wenn du einschläfst

Und mich in deinen Armen hältst,

Atmest du

Denselben Traum wie ich?

Meine Augen sind kaltes Verlangen,

Meine Gedanken wie brennendes Feuer.

Schlaflos

Schlaflosigkeit klopft an kaltes Fenster

In hellem Mondschein

Verborgene Träume

Pflastern die Straße wie schwerer Stein

Erblasst durch Tritte falscher Versprechen

Schlaflos

Hörst du

Schlaflos

Siehst du

Ein Lächeln eingebrannt ins Straßenpflaster

Ein Nichts

Kein Ort, ungeträumt und frei

In der Annäherung

Schatten überall, schon immer da

Geschlossene Augen

Schlaflos unter grellem Mond

Vergessene Seelen fliehen vor dem Licht

Angst

Zu sein

Etwas

Türen blieben stets verschlossen

Also traten wir sie ein

Wir verletzten sie, verletzten uns

Und rannten immer weiter

Wir versuchten, uns im Dunkel zu verstecken

Im Schatten dieses verrückten Karussells

Doch wir stolperten, als wir uns zu weit vorwagten

Und verloren den Boden unter den Füßen

Ich habe das falsche Lächeln satt

Bin lieber blind, Gefangene des Wahnsinns

Wurzellos, schlaflos, rastlos

Atemlos, Versprechen hinterherjagend

Im Angesicht der Masse

Am Ende des Lichts

Im Verlangen eines Schreis

Am Ende der Nacht

Da ist etwas

Etwas, das uns gefangen hält

Dieses Etwas

Das uns in Finsternis hüllt

Der Regen mag deine Stimme wegwaschen

Die Sonne mag die Gedanken an dich ausbrennen

Der Wind mag dein Lächeln forttragen

Diese Schwärze mag dich und mich verschlingen

Doch heute Nacht brennen wir

Wie eine Supernova die kalte Finsternis erhitzend

Gefangen in unserer verlorenen Sehnsucht

Die uns auseinanderreißt

Hoffnung

Morgen ist da, morgen ist schon fast vorbei

Verpasste Chancen liegen begraben am Ende des Regenbogens

Der Worte überdrüssig, Stille

Aus Hoffnung, Verlangen, Wut und Feuer

Dreht sich die Welt

Dreht, dreht, dreht

Über die Grenzen hinaus

Das Meer voller Haie

Wo ist der Schlüssel zu den Sternen

Nächtliches Wachen, Angst auf der Stirn

Angst vor dem Anderen, Angst vor dem Selbst

Das sich zu erinnern versucht, an einen Traum,
vergessen und tot

Schatten auf der Kreuzung zeichnen Gedanken auf
harten Stein

Irgendwo im Nirgendwo

Mit direktem Blick in die Sonne

Zehn Schritte zurück

Blut schießt in den Kopf

Wut auf der Zunge

Fäuste in den Taschen

Es scheint, als habe ich zu lange gewartet

Ich fühle, wie

Ich stets zehn Schritte zurückliege

Durch die Dunkelheit laufe

Als ob ich blind wäre

Es scheint, als habe ich den Ausgang verpasst

Mitten im Nirgendwo

Es scheint, als hätten sich alle Türen geschlossen

Als fehlten alle Stufen in der Treppe

Tausende Spiegel, die mich anblicken

Tausende Gesichter, die mich beobachten

Tausende Reflexionen, keine davon meine

Tausende Geister am Ende der Reihe

Eines Tages

Immer schön lächeln

Eingefroren und tot

Keine Frage nach Sinn und Zweck

Flucht in Tagträume

Der Job hängt an den Lidern

Ein offenes Fenster flüstert

Stimme verstummt

Türen verschlossen

Wimmern schläft in nächtlichen Wänden

Wind schwelgt in Erinnerung

Körper trotzt der Müdigkeit

Vertraute Stimmen, nie gekannt

Rohes Fleisch trocknet in der Sonne

Fauler Geruch in Existenz und Geist

Ekel und Schlaf gewinnen den Krieg

Helden sind nur schwer zu finden

3 4 5

Geist voller Zorn und voller Furcht

Wörter bröckeln in zu dünner Luft

Sie warten, hören zu

Und werden nichts glauben

Farben verblassen

Düstere Wolken verdecken die Sonne

Noch ziehen sie langsam

Schon bald werden sie rasen

3 4 5 – ein Leben für einen Apfel und ein Ei

Noch sind sie still

Doch ihre Hände zittern

Ihre Augen schauen müde

Doch tief dahinter schwelt das Feuer

Es scheint, als gäbe es keine Wahl

Ein Leben in Tagträumen

Es scheint, als hätten sie keine Stimme

Doch es reicht für einen Schrei

3 4 5 – was ist ein Leben wert

Keine Zeit zu geben, eine Zeit zu nehmen

Das breite Grinsen täuscht

Volle Taschen saugen Blut

Stauen auf zur nächsten Flut

Wo ist der Regen

Der Lügen hinfortwäscht

Den Schmerz betäubt

Der unsere Augen blendet

3 4 5

Der Rasen ist ruiniert

Doch der Grashalm wächst

Durch Erde und Stein

Gierig nach Sein

3 4 5

Die Lüge

Neugierige Fenster, sprechende Türen

Rote Rosen, zerbrochenes Glas

Dunkles Flüstern im Treppenhaus

Kalte Sonne und heißer Regen auf der Haut

Süße Versprechen in der Nacht

Falsche Träume verblassen in der Morgendämmerung

Nichts als leere Gesten

Sterben, um zu leben

Ein Weg, zu lang, um das Ende zu sehen

Ein Weg, zu kurz, um zu vergessen

Ein Weg, unbeschützt und steinig

Einmal betreten, führt er weg

Nacht aus Staub

Die Nacht ist lang und staubig

Unmöglich, Freund und Feind zu unterscheiden

Ich sitze auf den Ruinen des Tages

Wo ich bin, bin ich nicht allein

Die Nacht ist lang und staubig

Kein Wandel in Sicht

Ich sitze auf meinem Bett aus Stein

Feuer am Himmel heller als der Mond

Die Nacht ist lang und staubig

Kein Mitleid, kein Hass, nur leiser Zweifel

Hier sitze ich auf zerbrochenen Träumen

Verglühter Sternschnuppen

Die Nacht ist lang und staubig

Und atmet schwer in

Ein endloses Leben

Einer endlosen Nacht

Jedes Ende

Sand brennt im Auge

Brennt in der Lunge, im Leben

Straßen sind gepflastert

Mit Gedanken, älter als die Pyramiden

Kinder auf den Türschwellen

Blicken mit greisen trüben Augen

Geboren aus einem Schrei

Gehend mit einem Seufzer

Unbestimmte Pein im Inneren

Leben trotz allem

Warum

Mit Schmerz als einzigem Lebenszeichen

Manchmal sehe ich dich in meinen Träumen

Als schwebte dein Duft noch im Raum

Als spürte ich noch deine Berührung

Als hörte ich meinen Namen in deiner Stimme

Ich erinnere mich an unser lautes, klares Lachen

Ich erinnere mich an all unsere Streitereien

All der Schatten, all das Licht

Und dein Gesicht verblasst mit jeder Nacht

Regentropfen prasseln gegen die Windscheibe

Sturm zieht hinter den Feldern auf

Leben, ohne zu bedauern

Jedes Ende ein neuer Anfang

Unauffindbar

Dein Bild, tote Erinnerung

Unauffindbar

Ohne Abschied

Kaltes Papierlächeln

Abendwind küsst die Straße

Zum Abschied

Indian Summer der Gefühle

Doch der Schatten vor unserer Tür versteinert

Draußen zu still, drinnen zu laut

Draußen zu hell, drinnen zu finster

Draußen zu flüchtig, drinnen verloren

Erloschene Erinnerung

Nachts weckt mich das Echo deines Namens

Den ich dir vor langer Zeit gab

Du nahmst ihn mit dir, als du gingst

Lippen geschlossen in Sprachlosigkeit

Ohne dich ist dieser Raum nicht leerer

Die Zeit steht nicht still ohne dich

Existierst du nur auf dem Papier

Warum die Furcht, dich nie gekannt zu haben

Sturm zieht auf

Verlorene Arbeit, verlorenes Geld, verlorene Heimat

Hoffnung bis auf die Knochen blankgelegt

Es nagt am Traum

Nichts einzulösen

Jugend auf der Straße

Schreiend, betrügend, blutend

Auf den Deal des Lebens wartend

Hassend und liebend unter einem sternlosen Himmel

Sturm zieht auf

Wolken verdüstern den Blick

Donnergrollen im Rücken

Blitze werden spürbar einschlagen

Zorn verfolgt Schwester und Frau

Messer schneiden helles Tageslicht

Opferung an leeren, faulenden Stolz

Ein letzter Glanz von Selbsthass in trüben Augen

Politik nicht handlungsfähig

Seniles Grinsen klebt auf den Stühlen

Richterliches Schulterzucken

Wir wollen hier keinen Aufstand

Brennende Welt

Rauch, der den Atem schnürt

Zu viele Antworten

Auf zu wenig Sicht

Krieg ohne Kriegserklärung

Gegen das Selbst

Stille Wut hinter verschlossenen Türen

Vertrauen nur in die Angst vor der Angst

Rückkehr

Letzte Nacht war ich acht Jahre alt

Ich rannte durch die Eiseskälte zu deinem Haus

Ich rief deinen Namen, so laut ich konnte

Sah dein lachendes Gesicht am Fenster

Die Nacht ist dunkel

Die Fahrt ist lang

Ich fahre weiter

Und möchte doch zurück

Wir liefen durch kniehohen Schnee

Pfiffen Weihnachtslieder, warfen Schneebälle nach Krähen

Versuchten, in den Fußstapfen des anderen zu laufen

Es war so leicht, Liebe und Wut zu zeigen

Die Gasse hinunter und über die Parkmauer

Du hattest versprochen, mich aufzufangen, sollte ich fallen

Ewige Freundschaft schworen wir

Unendlich weit weg und endlos lang her

Nun bist du der Geist einer Erinnerung

Die nachts wiederkehrt und mich ruft

In die kleine alte Gasse

Wo Träume so leicht zu finden sind

Sommernacht

Spotlight auf die Wagnergasse, hier kommt er

Gefährliches Lächeln auf den Lippen, seine Hüften wiegend

Zum Klang hunderter Gitarren und dröhnender Trommeln

Mit den Füßen scharrend in jugendlicher Hitze

Ein Pfeil aus der Dunkelheit trifft meine bessere Hälfte

Er geht auf die Knie und bettelt, weil es zu spät ist, um zu entkommen

Wimmert, mein Herz ist wie Kunst, manchmal braucht es Starthilfe

Hey, ist da nicht noch etwas Platz für mich

Baby, die Sommernacht ist heiß

Und ich weiß, was wir noch nicht gemacht haben

Wenn ich dich hier berühre, fühlt sich das gut an

Ach komm schon, let's have some fun

Da ist ein Autorennen am verrufenen Ort draußen am See

Doch wenn das Feuer der Reifen dir keine Befriedigung verschafft

Und du das Schicksal hinter dir lässt, das dich zum Erzittern bringt

Erhöhe das Tempo, denn heute Nacht brauche ich etwas, das ich bewundern kann

Wild Maggie spielt Pool mit Herzen im Joe's

Locht Träume ein in einer Nacht voll unerfülltem Verlangen

Flüstert, Liebe ist, wenn die Musik leise singt und du langsam mitschwingst

Mich fest umschlungen hältst, unter dem Mondlicht tanzt und Feuer atmest

Ich will den Schmerz spüren, der wie ein Güterzug einschlägt, mich verrückt macht

Also lass uns heute Nacht die große Macht des Sternenlichts herausfinden

Und ob sich Küsse im warmen Sommerregen anders anfühlen

Und ob unser Liebesschwur nur verblassendes Rauschen ist oder eine wilde Fahrt

Weitere Bücher

Weitze, Almut. *Limericks - sonst nix.* Norderstedt: BoD, 2015.

Weitze, Almut. *GemeinGEFÄHRLICHe Tiergedichte.* Norderstedt: BoD, 2014.

Weitze, Almut. *Traum und Schein im Netz der Nacht.* Tönning [et al.]: Der Andere Verlag, 2010.